CON GRIN SU CONOCIMIENTOS VALEN MAS

- Publicamos su trabajo académico, tesis y tesina

- Su propio eBook y libro - en todos los comercios importantes del mundo

- Cada venta le sale rentable

Ahora suba en www.GRIN.com
y publique gratis

Bibliographic information published by the German National Library:

The German National Library lists this publication in the National Bibliography; detailed bibliographic data are available on the Internet at http://dnb.dnb.de .

This book is copyright material and must not be copied, reproduced, transferred, distributed, leased, licensed or publicly performed or used in any way except as specifically permitted in writing by the publishers, as allowed under the terms and conditions under which it was purchased or as strictly permitted by applicable copyright law. Any unauthorized distribution or use of this text may be a direct infringement of the author s and publisher s rights and those responsible may be liable in law accordingly.

Imprint:

Copyright © 2016 GRIN Verlag, Open Publishing GmbH
Print and binding: Books on Demand GmbH, Norderstedt Germany
ISBN: 9783668330283

This book at GRIN:

http://www.grin.com/es/e-book/343144/la-visita-de-ayuda-metodologica-como-metodo-y-forma-de-trabajo-docente

Urbano F. Machado Gallardo, Redisber Polo Barrera

La Visita de Ayuda Metodológica como Método y Forma de Trabajo Docente Metodológico

GRIN Publishing

GRIN - Your knowledge has value

Since its foundation in 1998, GRIN has specialized in publishing academic texts by students, college teachers and other academics as e-book and printed book. The website www.grin.com is an ideal platform for presenting term papers, final papers, scientific essays, dissertations and specialist books.

Visit us on the internet:

http://www.grin.com/

http://www.facebook.com/grincom

http://www.twitter.com/grin_com

MINISTERIO DE EDUCACIÓN SUPERIOR

10mo. Congreso Internacional de Educación Superior

Universidad 2016

"Universidad innovadora por un desarrollo humano sostenible"

LA VISITA DE AYUDA METODOLÓGICA COMO MÉTODO Y FORMA DE TRABAJO DOCENTE METODOLÓGICO

Autores:

Redisber Polo Barrera: Jefe de Departamento Técnico, en la Dirección Municipal de Educación, Manatí, Las Tunas. Doctor en Ciencias Pedagógica

Urbano Féliz Machado Gallardo. Subdirector de Investigación y Postgrado

LA VISITA DE AYUDA METODOLÓGICA COMO MÉTODO Y FORMA DE TRABAJO DOCENTE METODOLÓGICO

THE VISIT OF METHODOLOGICAL HELP AS A METHOD AND FORM OF TEACHING METHODOLOGY WORK

RESUMEN

Este artículo argumenta los fundamentos epistemológicos existentes, respecto al trabajo metodológico en lo que refiere a su dimensión didáctica, en tanto modela la visita de ayuda metodológica como método y forma de trabajo docente metodológico; ilustra desde un ejemplo cómo debe y puede proceder el profesional de la educación para organizar el proceso de preparación permanente desde, diferentes niveles de dirección. Su objetivo aflora de contradicciones aun no resueltas en la práctica pedagógica respecto a las formas, métodos, vías y procedimientos para la implementación de los contenidos que se nominan en resoluciones ministeriales y el vigente Reglamento de Trabajo Metodológico del Ministerio de Educación.

Palabras claves: método, ayuda metodológica, trabajo metodológico

ABSTRACT

This article argues the epistemological foundations existing respect to methodological work in relation to its didactic dimension, as modeled the visit methodological help as method and form of teaching methodological work, illustraded from an example how it should and can proseed the professional education to organize the process of continuing development from different levels of direction. The objective crops out of contradictions even unresolved in pedagogical practice about the forms, methods, ways and procedures for implementing the contents are nominate in Ministerial Resolutions and the existing Regulations of Metothological Work in the Ministry of Education.

Key words: method, methodological help, methodological work

LA VISITA DE AYUDA METODOLÓGICA COMO MÉTODO Y FORMA DE TRABAJO DOCENTE METODOLÓGICO

En la literatura pedagógica cubana, se pueden encontrar diversas concepciones y enfoques de trabajo metodológico y de esta forma definiciones que se refieren al objetivo y al contenido al que está dirigido, así como su dirección por los cuadros de educación en los diferentes niveles del Sistema Nacional de Educación. También, reflejan su carácter sistémico y dinámico, no obstante, existe coincidencia en que el trabajo metodológico es una de las vías principales para la preparación y perfeccionamiento de la labor del personal docente.

Sin embargo, la concepción del trabajo metodológico refrendada en diversas resoluciones del Ministerio de Educación: (1975, 1977, 1979, 1981, 1999, 2000, 2004, 2008, 2009, 2010, 2014) y del Ministerio de Educación Superior, entre otros documentos: Seminarios Nacionales, orientaciones metodológicas del Ministerio de Educación, resultados de investigaciones pedagógicas realizadas. Se amparan en la comprensión teórica de autores como: G. García, E. Caballero, C. Álvarez, F. Addines, entre otros. Ello no significa que los docentes puedan encontrar suficientemente en dichas teorías, los mejores métodos, vías, procedimientos y medios para proceder con el trabajo metodológico en la práctica.

De esta forma, si bien el trabajo metodológico es el sistema de actividades que de forma permanente se diseña y se ejecuta por los cuadros de dirección, funcionarios y docentes en los diferentes niveles y tipos de educación, es necesario centrar la atención en cómo implementar en la práctica pedagógica las teorías, resoluciones y/o reglamentos de trabajo metodológico vigentes, de modo que se oriente cómo enseñar o preparar al docente, o sea, el método y no solamente, el qué hacer o enseñar (contenido).

En lo referido al método, R. Salgado (2014) apunta que esa palabra proviene del Griego *meta* (más allá) y *odos* (camino), o sea, literalmente camino o vía para alcanzar un objetivo. En el lenguaje filosófico es un sistema de reglas y procedimientos, que partiendo de ciertas condiciones iniciales, conducen a un determinado objetivo.

En correspondencia con las ideas anteriores, vale reflexionar acerca de algunas cuestiones pedagógicas que constituyen contradicciones esporádicas que limitan el desempeño de cuadros, funcionarios y docentes en la dirección del trabajo metodológico, tales como:

- Las dimensiones en que se valora el trabajo metodológico. Por una parte, el Reglamento de trabajo metodológico del Ministerio de Educación, R/M No. 200/2014, en el segundo Por Cuanto, plantea establecer las normas que permitan a los cuadros principales de cada nivel de dirección diagnosticar, planificar, ejecutar, controlar y evaluar sus resultados (dimensión administrativa) y por consiguiente, en el artículo primero, consigna que el trabajo metodológico se caracteriza por su naturaleza didáctica.
- Las formas de trabajo metodológico nominadas y su correspondencia con los diferentes niveles de dirección educacional.
- El objetivo de trabajo metodológico propuesto, su correspondencia con los diferentes niveles de dirección educacional y la forma de trabajo metodológico utilizada.

De modo que, al reflexionar acerca de las dimensiones con que se ha valorado el trabajo metodológico en Cuba, se puede afirmar que sin soslayar la lógica de la dirección educacional, considerando los niveles y funciones de dirección (estructura de dirección provincial, prepara estructura de dirección municipal, estructura de dirección municipal prepara estructura de dirección del centro y estructura de dirección del centro prepara al maestro), existe una contradicción entre dicha lógica de dirección y la pertinencia del método empleado para lograr que el proceso de enseñanza aprendizaje se perfeccione a partir de la preparación del maestro.

A consecuencia, se puede apreciar en la práctica pedagógica que los objetivos de trabajo metodológico elaborados desde los diferentes niveles de dirección, fundamentalmente, estructura municipal y provincial, en su contenido centran la atención mayormente en la preparación de los cuadros y funcionarios, en cuestiones relacionadas con estilos de dirección, implementación de resoluciones ministeriales y otros aspectos que distan de la preparación didáctica y metodológica del docente para que perfeccione el proceso de enseñanza aprendizaje.

En este sentido, se aprecia que la demostración y ayuda que se brinda desde los referidos niveles de dirección, si bien preparan a dichas estructuras para que estos incidan sobre el docente, por otra parte limita la preparación de los mismos, en los contenidos didácticos y en pocas ocasiones los propios docentes se utilizan como medios de enseñanza para la demostración producto de que se observan clases o procesos dirigidos directamente por los docentes y con quienes se discuten las deficiencias y se demuestra es a los directivos.

De esta forma, se parte de entender también, al método de trabajo metodológico como lo ha considerado la Didáctica, si de enseñar y/o preparar al docente se trata. En este sentido R. Salgado (2014), señala que el método es un elemento programático que identifica la finalidad hacia la cual deben dirigirse los recursos y esfuerzos para dar cumplimiento a determinados propósitos.

Así mismo, en la Didáctica se considera el método como un medio importante para la dirección de la enseñanza. Su estudio, obligatoriamente, debe partir del concepto filosófico y la definición del método general de la ciencia y el método pedagógico. Desde la concepción filosófica, el método es la manera de abordar la realidad, de estudiar los fenómenos de la naturaleza, la sociedad y el pensamiento. Según el marxismo, su empleo es correcto, exclusivamente, cuando refleja las leyes objetivas de la propia realidad.

Solo el método resultante del conocimiento de las leyes, permite estudiar científicamente los fenómenos de la naturaleza y la sociedad. "La característica esencial del método es que va dirigido a un objetivo (…) son medios que utilizan los hombres para lograr los objetivos que tienen trazados". (L. Klingberg 1978: 267).

Según, L. Klingberg (1978: 267), "Método significa, primeramente, reflexionar acerca de la vía que se tiene que emprender para lograr un objetivo". Desde el punto de vista etimológico el concepto "método" no contradice lo planteado anteriormente, también proviene del griego méthodos – vía hacia. Significa ir en busca de una cosa (solución de un problema, de un objetivo), tratar de descubrir su lógica, o sea, llegar a su conocimiento y al de sus relaciones.

Entonces, los argumentos planteados en los cuatro párrafos anteriores, permiten aseverar que en correspondencia con el nivel de dirección en que se emprenda el trabajo metodológico, pueden ser utilizadas formas de trabajo metodológico: reunión metodológica, taller metodológico, clase demostrativa, ayuda metodológica, entre otras, modeladas estas como métodos para demostrar, valorar, debatir, explicar, analizar, argumentar, orientar, elaborar, asesorar, que en dependencia de los materiales didácticos, técnicas y procedimientos planificados, es efectivo, el trabajo metodológico.

Resignificación de la dimensión didáctica del trabajo metodológico

Un ejemplo de una visita de ayuda metodológica realizada desde la Dirección Municipal de Educación a un centro estudiantil, modelada como el método de trabajo metodológico para demostrar a los directivos y docentes de una educación, un problema profesional pedagógico, debe considerar algunos componentes didácticos (aun cuando es un proceso pedagógico se está enseñando desde la demostración y la ayuda), tales como:

El objetivo de trabajo metodológico: es el componente rector de la actividad pedagógica, por ello es expresión de la esencia de dicho proceso, comprende la finalidad hacia la cual deben dirigirse los recursos y esfuerzos para cumplir determinado propósito. Debe estar bien elaborado y ser pertinente en dependencia del nivel de dirección en que se elabore. Comprende categorías que en su unidad dialéctica resignifica el carácter sistémico del trabajo metodológico.

En su elaboración comprende una habilidad, que a diferencia del objetivo del proceso de enseñanza aprendizaje, esta se elabora en dependencia de la forma de trabajo metodológico a utilizar: demostrar, valorar, debatir, explicar, analizar, argumentar, orientar, elaborar, asesorar. En este ejemplo, se trata de una ayuda metodológica que asesora, demuestra; significa que hay sujetos que van a ser beneficiados desde la enseñanza de un contenido. La habilidad responde a la pregunta ¿Qué voy a hacer y/o qué quiero que haga el docente? Ejemplo: debatir, asesorar, discutir, socializar.

El contenido de trabajo metodológico, es una categoría que constituye la esencia del trabajo metodológico. De esta forma, comprende su carácter diferenciado y concreto en función de los problemas y necesidades de cada docente. No obstante, el autor de este trabajo considera tener en cuenta los aspectos que constituyen indicadores para observar una clase, consignados en el artículo 25 del Reglamento de Trabajo Metodológico vigente R/M No. 200/2014, aun cuando en su artículo 24 nomina los contenidos fundamentales que pueden ser abarcados.

De esta forma, el contenido responde a la pregunta ¿qué se les quiere demostrar a los docentes? Ejemplo: ¿cómo utilizar eficientemente los medios de enseñanza?, ¿qué métodos de enseñanza son más productivos para la resolución de problemas matemáticos?

También, el objetivo de trabajo metodológico debe contener a los sujetos que se benefician con la actividad pedagógica realizada y que también está en dependencia del nivel de organización y/o de dirección en que se desempeñe. Responde a la pregunta ¿a quiénes va dirigida la actividad? Ejemplo: a directivos de centros y zonas, a maestros del primer ciclo, a instructores de artes, a asesores y metodólogos.

El otro aspecto que debe contener el objetivo, refiere a la forma de trabajo metodológico a utilizar, ello permite brindar desde el propio objetivo una mejor orientación para su proyección en un programa planificado y ejecutado mediante los procedimientos que se van describiendo. Este aspecto responde a la pregunta ¿cómo desarrollar la actividad?, ¿cómo demostrar o enseñar? Ejemplo: desde la ayuda metodológica, desde una clase demostrativa, desde un taller metodológico. Este aspecto está relacionado con el método que requiere de sus respectivos procedimientos para proceder en la práctica.

En lo referido a los procedimientos, vale reconocer desde la Didáctica, que son las operaciones concretas que se hacen en determinadas fases de la enseñanza. En este sentido, se pueden enunciar los procedimientos que son aplicables en cualquier actividad metodológica, y que son también, al igual que las técnicas reflejos reales del método. Se proponen, entre otros:

- Intercambiar experiencias con los docentes y con el consejo de dirección.
- Observar clases, preparaciones metodológicas, órganos técnicos y de dirección, entre otros procesos pedagógicos.
- Comprobar los conocimientos de los alumnos.
- Estudiar los productos del proceso pedagógico, entre los que se destacan: revisión de libretas, registros, planes de clases, actas de órganos técnicos, asambleas de grupos, entre otros.

Así mismo, se considera que tanto las técnicas como los procedimientos requieren que con la actividad metodológica diseñada para la demostración o/y ayuda, se planifiquen oportunamente los medios y materiales de los que se disponen para alcanzar el objetivo de trabajo metodológico propuesto. De modo que, los medios y materiales constituyen el conjunto de recursos evidentes necesarios para ejecutar la actividad con los docentes, tales como: guía de entrevista, guía de observación a clases, preguntas de conocimientos, guía para la revisión de libretas, de actas, de registros, entre otras.

También, es necesario considerar que la preparación del docente para la proyección del trabajo metodológico puede y debe realizarse de forma individual y colectiva. Es criterio del autor de este trabajo, que este espacio tiene sus momentos bien organizados en los diferentes niveles de dirección, según el sistema de trabajo de cada entidad. No obstante, se insiste en tener en cuenta el carácter rector del objetivo como expresión de la esencia del proceso.

Entonces, desde la concepción del trabajo metodológico aquí valorado, se considera oportuno tener en cuenta algunos **criterios esenciales** que ya fueron considerados por G. García, E. Caballero y F. Addine, entre otros autores y que aquí son sistematizados y argumentados, tales como:

- Su carácter sistémico, teniendo en cuenta la función rectora de los objetivos. (G. García y E. Caballero, 2004). Este criterio fundamenta la correcta elaboración de un objetivo de trabajo metodológico. Según F. Addine, (2004: 110) "para que algo se logre en el proceso pedagógico, ese algo tiene que estar declarado en los objetivos, porque los objetivos son intención pedagógica"
- "El carácter diferenciado y concreto del contenido…" (G. García y E. Caballero, 2004: 240). La selección del contenido de trabajo metodológico, como esencia no debe ser abarcador y extenso. Son muchos los problemas metodológicos que se detectan desde la práctica pedagógica, pero deben ser solucionados con objetividad y para un contenido de trabajo metodológico existen varias formas de trabajo metodológico, en tanto sean necesarias utilizar.
- Su naturaleza didáctica, no solo porque orienta la preparación del docente en los principales componentes del proceso de enseñanza aprendizaje, sino que dicho espacio formativo demanda el análisis de las mejores vías, métodos, medios y procedimientos metodológicos y didácticos para satisfacer las necesidades de los docentes y conducir el proceso pedagógico con calidad.
- Su carácter científico mediante el estudio sistemático de la actividad pedagógica del docente, ello permite potenciar su autopreparación y su preparación en las tres funciones del rol profesional. Ello permite diseñar un proceso bien

organizado, pensado, de elaboración conjunta para la selección de los métodos propios de la investigación pedagógica, así como propuestas de introducción de resultados científicos (tesis de maestrías, doctorados, trabajos de diplomas).

En correspondencia con los fundamentos teóricos que se sistematizaron en este escrito, se puede arribar a conclusiones generales del enfoque actual de trabajo metodológico:

Se considera que las formas de trabajo metodológico concernientes en el Reglamento de Trabajo Metodológico RM No. 200/2014, pueden ser utilizadas como métodos: la ayuda metodológica, la reunión metodológica, una clase demostrativa, entre otras; que los métodos de enseñanza pueden ser procedimientos para la demostración y la ayuda a los docentes y que los procedimientos didácticos pueden ser técnicas[1]; los medios y materiales a utilizar deben y pueden ser los docentes y su documentación, entre otros; de esta forma se connota la dimensión didáctica de este proceso.

Los contenidos que debe abarcar un objetivo de trabajo metodológico esencialmente debe y puede responder a la preparación de los docentes para el proceso de enseñanza aprendizaje; no obstante, los contenidos administrativos pueden ser tratados en otros espacios, tales como: visitas especializadas, reuniones de análisis del trabajo, entre otros.

Como síntesis de este trabajo se anexa un programa para efectuar una visita de ayuda metodológica a una Secundaria Básica desde la estructura municipal de educación:

Objetivo: Demostrar a la estructura de dirección del centro, especialistas y docentes, cómo desde el diagnóstico integral de los estudiantes, es posible atender las necesidades educativas especiales mediante la ayuda metodológica.

Procedimientos

8:00 AM. Intercambio de conocimientos con el consejo de dirección del centro respecto al diagnóstico integral de los estudiantes. (Este procedimiento requiere de un cuestionario, que debe ser elaborado en forma colectiva, con las características del centro, las particularidades del claustro de docentes y el consejo de dirección; esto ya se hace en la semana de preparación que tiene la estructura municipal y en el contenido que se profundiza está referido a la atención a las necesidades educativas especiales como esencia a demostrar)

En el cuestionario: el jefe del grado 9no hace una breve presentación de su claustro, cuántos docentes, qué actividades metodológicas demostrativas han recibido, qué objetivos de trabajo metodológico han sido trabajados con los docentes y cuáles son las mayores necesidades de preparación metodológica y didáctica que tienen. Por otra parte, cómo se comporta la asistencia de estudiantes, en qué medida participan los estudiantes en las actividades complementarias del horario escolar y los resultados del aprendizaje: qué alumnos están suspensos con nombre y apellidos, cuántos en una asignatura, cuántos en dos, cuántos en más de dos asignaturas. (Este programa debe y puede darse a conocer a la escuela para que exista una autopreparación para la visita)

8:45 AM. Se observarán tres turnos de clases en 9no grado. Los segundos turnos

---

[1] Las técnicas al igual que los procedimientos son el reflejo real del método y se manifiestan en el desempeño del que dirige la actividad. Es muy importante comprender que método, técnica y procedimiento son tres conceptos relativos entre sí, ya que en determinados contextos didácticos, un método puede jugar el papel de técnica o procedimiento y viceversa.

de clases. (Para observar las clases se elabora una guía que permite explorar el contenido[2] que se quiere demostrar)

Guía para la observación de las clases
Marca con una X si se observan o no se observan las acciones que realizan los profesores o los alumnos durante la clase.

Acciones	Se observa	No se observa
Revisó la tarea con ayuda de los alumnos		
Había dejado tareas diferenciadas		
Orientó el objetivo de la clase haciendo énfasis en la importancia de ese contenido para la vida		
Lleva ejercicios con carácter diferenciado (aventajados y no aventajados)		
Estimula la variedad de respuestas en las preguntas que hace		
Hay cooperación de los alumnos en el grupo. (Unos ayudan a los otros)		
Todos los alumnos tuvieron un papel protagónico durante la clase		
Nombre de los alumnos que fueron requeridos por hacer indisciplinas		
Nombre de los alumnos que no participaron durante la clase		
Cantidad de alumnos observados		
Nombre del observador		

9: AM. Un intercambio de experiencia con el subdirector de trabajo educativo. (Este procedimiento lleva una guía para el estudio de los productos del proceso pedagógico, fundamentalmente, a documentos de control a la asistencia diaria, la entrada y salida al pase, así como el registro de la disciplina de los estudiantes).
9:30 AM. Los jefes de grado, subdirector docente, secretario docente y subdirector de trabajo educativo realizan trabajo de mesa con documentos del proceso pedagógico: cinco libretas de estudiantes de 9no grado por cada grupo, todos los controles horizontales de 9no grado, todos los registros de asistencias y evaluaciones de los profesores de Matemática, Química y Español en 9no grado, así como el tratamiento metodológico a los contenidos de estas asignaturas en 9no grado. (Requiere de una guía para estudiar el contenido del trabajo metodológico a demostrar)
11: AM. Taller metodológico sobre la atención a la diversidad y las necesidades educativas especiales en las instituciones educativas. Participan jefes de grados, estructura de dirección del centro seleccionada y profesores[3] de 9no grado.
El taller metodológico debe ser planificado previamente y puede constituir, también, una de las formas que da continuidad y carácter sistémico al trabajo metodológico para este objetivo, que tuvo otros escenarios de preparación en la estructura

---

[2] Se insiste en que el contenido es la esencia del objetivo producto a que en una clase se observan muchos aspectos, que generalmente tienen dificultades, no obstante, la atención a las necesidades educativas especiales es lo que se va a demostrar en esta actividad.
[3] Aun, cuando los profesores fueron el medio de enseñanza para demostrarle a los directivos de este centro, no pueden estar exentos de la actividad con que debe concluir la ayuda metodológica.

municipal, tales como: una reunión metodológica, una clase demostrativa, un taller metodológico (en la estructura municipal), entre otras y que no necesariamente debe ser en el municipio y en la semana de preparación.

Para el taller metodológico sobre atención a las necesidades educativas especiales, en el caso que se explica, previamente se seleccionaron los alumnos que requieren atención educativa especializada. Entre ellos, los alumnos suspensos, los alumnos de la Tarea Victoria[4], entre otros. (Según libretas, diagnóstico del centro, resultados en el aprendizaje y clases observadas)

Luego se explica a los participantes el objetivo de la actividad y los procedimientos realizados en la visita. Esto permite que los docentes tengan mayor participación y propósito en el trabajo metodológico. De esta forma, se explora la práctica y se penetra en la esencia de los procesos que en la escuela se dirigen.

Luego se propone hacer cuatro equipos presididos por los jefes de grados y el subdirector de trabajo educativo. Cada equipo debate una manifestación de la conducta y luego se procede a leer las expectativas que proponen los docentes. Las tablas que se anexan son entregadas a cada equipo.

Como conclusiones del taller:

Las necesidades educativas especiales son relativas, porque surgen de la dinámica que se establece entre características personales del alumno y las respuestas que recibe de su entorno educativo. Cualquier niño o niña puede tener necesidades educativas especiales, no solo el niño con discapacidad, sino todo aquel que presente limitaciones en el aprendizaje o requiera de una orientación a su conducta.

---

[4] La tarea victoria, constituye un grupo de a acciones a desarrollar para la atención a los niños, adolescentes y jóvenes que presentan vulnerabilidades, incluyendo a las familias.

BIBLIOGRAFÍA

1. Addine, F et al. (2004: 110). Didáctica: teoría y práctica. Editorial Pueblo y Educación, La Habana.
2. Álvarez, C.M. (1992). Didáctica, la escuela en la vida. Editorial Pueblo y Educación, La Habana.
3. Castellanos, B et al. (2005). Esquema conceptual, referencial y operativo sobre la investigación educativa. Editorial Pueblo y Educación, La Habana.
4. García, G y Caballero, E. (2004). El trabajo metodológico en la escuela cubana. Una perspectiva actual. En Addine, F et al. Didáctica teoría y práctica. Págs. 240-254. Editorial Pueblo y Educación, La Habana.
5. Klingberg, L. (1978: 267). Introducción a la Didáctica General. Editorial Pueblo y Educación, La Habana.
6. Ministerio de Educación. Indicaciones metodológicas y de organización para el desarrollo del trabajo en el Ministerio de Educación, 1986 -1987 y 1987 – 1988. Editorial Pueblo y Educación, 1986.
7. _____. (2014). Resolución Ministerial 200/2014. Reglamento del Trabajo Metodológico en el Ministerio de Educación, La Habana.
8. _____. (2010). Seminario Nacional de Preparación del Curso Escolar 2010-2011, La Habana.
9. Mesa, N et al. El trabajo metodológico: Evolución y perspectivas. s/a. Disponible en: www.ucp.vc.rimed.cu/sitios/varela/articulos/rv0605.pd. (Consultado 20/11/20014).
10. Salgado, R. (2014). La clase, su tecnología. Material en soporte electrónico. (Consultado 12/4/2015).

Anexo 1- La tabla describe algunas de las características con que puede identificar niños que presentan trastornos de conducta tales como: hiperquinesia, hiperactividad, agresividad y timidez

Hiperquinesia: Cuando se habla de niños hiperquinéticos, nos referimos a un número pequeño de niños que han sido inquietos desde chicos, al momento de aprender a caminar y cuando entraron al jardín infantil. Se caracterizan por presentar problemas en la escuela, en la casa y en los paseos. Se caracteriza por la distractibilidad, la deshinibición, la impulsividad, la hiperactividad, los cambios marcados de humor y la agresividad.	
Constantemente son requeridos porque se levantan de la silla, se columpian en la silla, están siempre moviéndose y haciendo ruido, molestando a los demás, se les cae el lápiz y se interrumpen a sí mismos en su trabajo y no aprenden. Tienen dificultad para concentrarse y hacer otras cosas en el aula. En ocasiones presentan impulsividad, esto significa que no se detienen a pensar antes de actuar. Hacen rápidamente lo primero que se le pasa por la cabeza, provocando indisciplinas y por lo general son diagnosticados en el indicador cuatro de conducta. Insisten mucho hasta lograr lo que desean.	Escriba el nombre de estos alumnos aquí
Seleccione uno de los alumnos y marque con una X las consideraciones que tiene para presentar este trastorno de conducta. ___síndrome de daño cerebral (algún golpe) ___es mal educado por los padres. ___uno de sus padres está preso. ___vive con los abuelos. ___tiene desatención familiar. ___el embrazo de su madre fue no deseado. ___tiene una situación económica crítica. ___no tiene quién se ocupe de él. ___tiene dificultades para expresarse. ___es rechazado por sus compañeros. ___desatención psicopedagógica en la escuela. ___dificultades específicas en la comprensión de contenidos. ___incorporación tarde al sistema educativo.	Sugiera algunas acciones que deba realizar la escuela para la atención a estos niños con necesidades educativas especiales.

Anexo 2- La tabla describe algunas de las características con que puede identificar niños que presentan trastornos de conducta tales como: hiperquinesia, hiperactividad, agresividad y timidez

Hiperactividad: es un comportamiento que se caracteriza por la actividad excesiva y fuera de lo normal. Se trata de un trastorno de la conducta del niño que lo conlleva a no poder quedarse tranquilo.	
Se mueven continuamente, sin que toda esta actividad tenga un propósito. Van de un lado para otro pudiendo comenzar alguna tarea, pero la abandonan rápidamente para comenzar otra, que a su vez, vuelven a dejar inacabada. Esta hiperactividad aumenta cuando está en presencia de otras personas, especialmente con las que no mantienen relaciones frecuentes. Por el contrario, disminuye la actividad cuando están solos. Son especialmente problemáticos, poseen un espíritu destructivo, son insensibles a los castigos, inquietos y nerviosos. Son niños difíciles de educar, ya que pocas veces pueden mantener durante mucho tiempo la atención puesta en algo, con lo que suelen tener problemas de rendimiento escolar a pesar de tener un coeficiente intelectual normal. Son muy impulsivos y desobedientes, no suelen hacer lo que sus padres o maestros les indican, o incluso hacen lo contrario de lo que se les dice. Son muy tercos y obstinados.	Escriba el nombre de estos alumnos aquí
Seleccione uno de los alumnos y marque con una X las consideraciones que tiene para presentar este trastorno de conducta. ___tienen fobia (miedo a que se le acerquen) ___ha tenido maltratos físicos excesivos. ___uno de sus padres está preso. ___vive con los abuelos. ___tiene desatención familiar. ___no fue deseado al nacer. ___tiene una situación económica crítica. ___no tiene quién se ocupe de él. ___tiene dificultades para expresarse. ___es rechazado por sus compañeros. ___desatención psicopedagógica en la escuela. ___una encefalitis letárgica en la cual queda afectada el área del comportamiento. ___incorporación tarde al sistema educativo.	Sugiera algunas acciones que deba realizar la escuela para la atención a estos niños con necesidades educativas especiales.

Anexo 3- La tabla describe algunas de las características con que puede identificar niños que presentan trastornos de conducta tales como: hiperquinesia, hiperactividad, agresividad y timidez

Timidez: "aquellos niños con un patrón de conducta caracterizado por un déficit acusado en las relaciones interpersonales y una tendencia estable y acentuada de escape o evitación del contacto social con otras personas".	
El niño tímido suele ser una persona tranquila, callada, temerosa, que evita las interacciones sociales Interiorizan el problema y lo manifiestan con temores, miedo, ansiedad o depresión (acting in, acting out) Tiene problemas para relacionarse con sus iguales o los adultos: no participa ni pregunta en clase, le cuesta iniciar conversaciones con otros niños o tomar la iniciativa en cualquier actividad. Se muestra reservado y distante. Pueden también estar presentes: una pasividad excesiva, aislamiento, baja asertividad, escasa capacidad de expresión emocional, inseguridad, lentitud y sumisión al grupo. En definitiva, presentan un escaso repertorio en habilidades sociales. En el niño tímido hay una tendencia a subestimarse e incluso a desarrollar ciertos sentimientos de inferioridad acompañados de indefensión, ocasionalmente depresión, hipersensibilidad, culpabilidad, atribuciones inexactas, ideas irracionales, etc... Puede llorar en ocasiones, puede fingir dolores de estómago, mareos, dolor de cabeza, etc	Escriba el nombre de estos alumnos aquí
Seleccione uno de los alumnos y marque con una X las consideraciones que tiene para presentar este trastorno de conducta. ___ falta de autocontrol. ___miedo a ser agredido. ___sufrimientos por pérdida de un ser querido ___baja autoestima. ___tiene fobia (miedo)	Sugiera algunas acciones que deba realizar la escuela para la atención a estos niños con necesidades educativas especiales.

Anexo 4- La tabla describe algunas de las características con que puede identificar niños que presentan trastornos de conducta tales como: hiperquinesia, hiperactividad, agresividad y timidez

Agresividad: es la tendencia a falta capacidad de socialización y dificultades de adaptación. Es una tendencia a actuar o a responder de forma violenta. El término agresividad se encuentra relacionado con el concepto de acometividad, que es la propensión a acometer, atacar y embestir.	
Cuando se habla de agresividad, se está hablando de hacer daño, físico o psíquico, a otra persona. De una acción intencionada manifestada a través de patadas, arañazos, gritos, empujones, palabrotas, mordidas, tirones del pelo... a otra persona. Este comportamiento es relativamente común. Tiene mucho brío, por lo general le damos tareas de jefe en los albergues, cuidar un área. Es un sujeto pujante y tiene decisión para emprender algo y enfrentar sus dificultades. En ocasiones tiene sentido de inferioridad.	Escriba el nombre de estos alumnos aquí
Seleccione uno de los alumnos y marque con una X las consideraciones que tiene para presentar este trastorno de conducta. ___falta de amor, afecto y cariño de los padres. ___exceso de violencia familiar. ___problemas de inferioridad. ___protección de otros mayores. ___líder de grupo. ___vive en una comunidad que prevalece la agresividad ___se ajunta con personas agresivas. ___Sentido de inferioridad	Sugiera algunas acciones que deba realizar la escuela para la atención a estos niños con necesidades educativas especiales.

CON GRIN SU CONOCIMIENTOS VALEN MAS

- Publicamos su trabajo académico, tesis y tesina

- Su propio eBook y libro - en todos los comercios importantes del mundo

- Cada venta le sale rentable

Ahora suba en www.GRIN.com
y publique gratis